Text: Jonas Rydin
Foto: Niklas Almesjö
Formgivning: Anna Råberg
Ansvarig utgivare: Gerard Pegelow
Översättning: Accent Språkservice AB
(www.accent-sweden.com)

Första utgåvan
Tryck: Preses nams, Lettland
ISBN: 978-91-976116-8-8

Vi vill tacka Karolina Renström på Uppsala Tourism och
korrekturläsare Ulrika Lydén, Christina Sanmark och Sulo Kaarto.

We would like to express our gratitude to Karolina Renström
at Uppsala Tourism and proofreader Ulrika Lydén, Christina
Sanmark, Sulo Kaarto.

Niklas Almesjö är frilansfotograf och driver bildbyrån uppsalafoto.se. Niklas har tagit majoriteten av bilderna i boken.

Niklas Almesjö is a freelance photographer and runs the photo agency uppsalafoto.se. The majority of the pictures in this book are taken by Niklas.

INNEHÅLLSFÖRTECKNING / TABLE OF CONTENTS

HISTORIA / HISTORY

När man närmar sig Uppsala syns på långt håll slottets och domkyrkans siluetter högt ovanför upplandsslätten. Uppsala hette från början Östra Aros, vilket betyder den östra åmynningen. Mälarviken Ekoln sträckte sig ända upp till staden, där Fyrisån hade sitt utlopp. Vattendragen sammanband inlandet med orter runt Mälaren och Östra Aros var en viktig handelsplats.

As you approach Uppsala, the silhouettes of the castle and cathedral are clearly visible far from the surrounding plains. Uppsala was originally known as Östra Aros, which means the “eastern mouth of the river”. Lake Ekoln, part of Lake Mälaren, came all the way to the town at the mouth of Fyrisån River. These waterways connected the inland towns around Lake Mälaren, and Östra Aros served as an important trading centre.

Samhället med namnet Uppsala låg fram till slutet av 1200-talet några kilometer norrut, på den plats vi idag kallar Gamla Uppsala. Där låg centrum både för den världsliga och kyrkliga makten i form av en kungsgård och den första ärkebiskopens domkyrka.

Until the end of the 13th century, the community called Uppsala was a few kilometres north, where Gamla Uppsala or Old Uppsala now is located. This was the centre for both worldly and church power in the form of the royal estates and the first archbishop cathedral.

I slutet av 1200-talet påbörjades uppförandet av en ny domkyrka i Östra Aros. Den kom att ersätta domkyrkan i (Gamla) Uppsala. Ärkebiskopen flyttade sitt säte till Östra Aros och kung Magnus Ladulås flyttade sitt hov hit. Det vi idag kallar Uppsala började ta form. Fyrisån kom bokstavligen att dela staden i två delar. På höjderna på västra sidan fanns kungen och prästerna och på den östra sidan fanns handelsmännen och hantverkarna.

At the end of the 13th century a new cathedral was being erected in Östra Aros. It came to replace the church in (Old) Uppsala. The archbishop transferred its administration to Östra Aros und King Magnus Ladulås moved his court there. Uppsala as we know it today, started to take shape.Fyrisån River literally divided the city in two. The king and priests lived on the western hills and the tradesmen and craftsmen lived on the eastern side.

En viktig milstolpe i Uppsalas historia, som har satt sin prägel på staden, var grundandet av Sveriges första universitet 1477. Det var den katolske ärkebiskopen Jakob Ulvsson som tog initiativet. Lärosätet hade vid starten bara 50 studenter och ett fåtal professorer. Undervisningen var främst inriktad på att utbilda präster. Den nuvarande huvudbyggnaden som syns på bilden är från senare datum.

An important milestone in Uppsala's history was the founding of Sweden's first university in 1477 on the urging of the catholic archbishop Jakob Ulvsson. There were only 50 students and a few professors in the beginning. The teaching was primarily intended for future priests. The current main buildings in the photograph are from a later date.

Uppsala var länge kungarnas kröningsstad och Sveriges inofficiella huvudstad. Gustav Vasa började på 1540-talet att bygga ett nytt slott ovanför domkyrkan på den 30 meter höga Uppsalaåsen. Härifrån är utsikten magnifik och kungens soldater kunde hålla utkik efter fiendens härar. Kungen fick dock aldrig se slottet färdigställt under sin livstid.

Uppsala remained the crown city and Sweden's unofficial capital. King Gustav Vasa began building a new castle in the 1540s on the hill above the cathedral on the 30 metre high Uppsala esker. The view from here is magnificent and the king's soldiers could keep a watchful eye out for enemy troops. The castle, however, was not completed in the king's lifetime.

Uppsala har genom tiderna drabbats av flera stora bränder som har förändrat stadsbilden radikalt. En av de största bränderna rasade i staden en blåsig majdag 1702. Stora delar av Uppsala ödelades på båda sidorna av Fyrisån. Såväl domkyrkan, som slottet och universitetet stod i brand. Ett medeltida hus som har överlevt alla bränder är Celsiushuset på Svartbäcksgatan i centrala Uppsala. Huset följer gatudragningen från medeltiden och står diagonalt i förhållande till senare tiders räta gatunät.

Uppsala has been struck by a number of fires over the centuries that have drastically changed the city. One of the largest fires raged through the city on a windy May day in 1702. Large parts of the city were destroyed on both sides of the river. The cathedral, the castle and the university all burned. The Celsius house on Svarbäcksgatan Street in central Uppsala is from the Middle Ages and has survived all the fires. The house follows the medieval street and is diagonal to the modern street grid.

Under 1800-talets andra hälft började industrier växa fram i stadsdelarna öster om Fyrisån. Uppsala fick ett stort lyft när järnvägen drogs fram år 1866 och knöt samman staden med Stockholm. Uppsalas första stationsbyggnad har stått i sin ursprungliga prakt sedan invigningen av järnvägen. Framför stationen står Bror Hjorts kända staty Näckens Polska. Konstnären bodde och verkade i Uppsala.

During the last half of the 19th century, industries developed in the neighbourhoods east of Fyrisån River. Uppsala benefited greatly when the railway opened in 1866, linking the city with Stockholm. Uppsala's original railway station continues to stand in all its glory as it did on its inauguration nearly 150 years ago. In front of the station is Bror Hjort's famous statue, Näckens Polska. Hjort lived and worked in Uppsala.

Mycket vatten har flutit under Fyrisåns broar under stadens drygt 700 år. Idag är Uppsala en modern tjänstestad som drar nytta av närheten till universitetet, Lantbruksuniversitetet (SLU) och Akademiska sjukhuset. Invånarantalet har stigit till 130 000 i själva staden och till 185 000 i kommunen. Uppsala börjar alltmer likna en svensk storstad med ett bra kultur- och restaurangutbud.

Lots of water has flowed under Fyrisån's bridges over the last 700 years. Today Uppsala is a modern administrative city that benefits from its proximity to the university, The Swedish University of Agricultural Science (SLU) and the Uppsala University Hospital. The city now has 130,000 residents and the municipality 185,000. Like other large Swedish cities, Uppsala has a wide range of cultural attractions and restaurants.

KÄNDA BYGGNADER / FAMOUS BUILDINGS

En av de mest kända byggnaderna i Uppsala är Västmanlands-Dala nationshus. Första spadtaget togs 1964 och byggnaden invigdes med pompa och ståt 1965. Pengar till nationshuset samlades in i studenternas hemkommuner. Den världsberömda finske arkitekten Alvar Aalto står bakom det strama formspråket. Alvar Aalto kallade själv sin stil för organisk funktionalism. Huset stod ursprungligen på pelare, men idag finns affärs- och restauranglokaler i gatuplan.

One of the most famous buildings in Uppsala is the student club Västmanlands-Dala Nation. Construction began in 1964 and it was inaugurated in 1965. Funding for the club was collected in the student's home municipalities. The world-famous Finnish architect Alvar Aalto designed this unique building. Aalto called his style Organic Functionalism. The building originally stood on columns but today there are shops and restaurants on the street level.

Uppsala fick hösten 2007 ett nytt konserthus. Arkitekturen är djärv och utmanande. De 37 meter höga fasaderna är täckta av svart glas och glänsande aluminiumplåtar som sitter likt pianotangenter. Foajén ligger högst upp i huset och dit åker konsertpubliken med en blodröd rulltrappa som skär genom byggnaden. Genom foajens glasväggar blickar man ut över staden ur nya perspektiv. I konserthuset ryms även en konferensdel. Den danska arkitektbyrån Henning Larsen Tegnestue har ritat byggnaden.

A new concert hall opened in the autumn 2007. The architecture is bold and daring. The 37 metre high façade is covered in black glass and shiny aluminium plates that resemble piano keys. The foyer is at the top of the building, which visitors reach using a blood-red escalator that cuts right through the building. From the foyer visitors get a view of the city like no other. The concert hall also houses a conference centre. The Danish architect firm Henning Larsen Tegnestue designed the building.

En av Uppsala universitets äldsta byggnader är Gustavianum, beläget i de medeltida kvarteren runt domkyrkan. År 1622 påbörjades uppförandet av Gustavianum och huset invigdes några år senare. Byggnaden är vacker att beskåda med sina tjocka vita stenväggar och runda kupol med koppartak. Idag finns här ett museum och besökaren kan bekanta sig med universitetets historia från 1477 till nutid.

One of Uppsala University's oldest buildings is Gustavianum, located in the medieval neighbourhood around the cathedral. The construction begun in 1622 and completed a few years later. This lovely building has thick, white stone walls and a round dome with a copper roof. Today it serves as a museum where visitors can learn about the university's history, which began in 1477.

Högst upp på Drottninggatans krön ligger universitetsbiblioteket Carolina Rediviva. Backen upp dit är både brant och lång. Bibliotekets namn betyder på latin det återupplivade Carolina, vilket anspelar på universitetsbyggnaden Academia Carolina, som revs på 1700-talet. Det var Karl XIV Johan som beslutade att biblioteket skulle byggas och byggnaden invigdes 1834. Det dröjde dock till 1841 innan universitetets boksamlingar flyttades från Gustavianum till Carolina.

At the top of Drottninggatan Street is the university library Carolina Rediviva. The hill up to this large building is steep and long. The library's Latin name means The Resurrected Carolina, referring to the university building Academia Carolina that was torn down in the 18th century. Karl XIV Johan built the library and it was opened in 1834. It wasn't until 1841, however, that the university's collection of books was moved from Gustavianum to their new home.

Foto: Tommy Westberg, Uppsala universitet

VERSITAS REGIA UPSALIENSIS

Kung Oskar II var med vid byggstarten av universitetshuset en regnig vårdag 1879. Huset byggdes i pampig nyrenässansstil och invigdes 1887. I Universitetsparken står en reslig staty av skalden, historikern, politikern och universitetsrektorn Eric Gustav Geijer (1783–1847).

King Oskar II was present at the groundbreaking ceremony on a rainy spring day in 1879. The building was constructed in a magnificent neo-Renaissance style and was inaugurated in 1887. The University Park has a stately statue of poet, historian, politician and university vice-chancellor Eric Gustav Geijer (1783–1847).

Foto: Tommy Westberg, Uppsala universitet

Innanför den stora entréporten finns en imponerande vestibul med takkupoler högt ovanför stengolvet. Vid ingången till universitetets aula lyser författaren Thomas Thorilds omdiskuterade ord i guldbokstäver: ”Tänka fritt är stort, men tänka rätt är större”. Inne i den praktfulla aulan hålls många konserter.

Inside the large entrance is an impressive vestibule with domed ceilings high above the stone floor. The controversial words of the author Thomas Thorild adorn the doorway to the university's assembly hall: “To think free is great, but to think right is greater”. Concerts are regular occurrences in the splendid hall.

UPPSALA UNIVERSITET OCH KÄNDA PERSONER / UPPSALA UNIVERSITY AND FAMOUS PEOPLE

Uppsala universitet är ett lärosäte av rang, såväl i Sverige som utomlands. Många framgångsrika personer har studerat vid universitetet. Vid öppnandet 1477 utgjorde den teologiska fakulteten själva navet som allt kretsade runt. När Gustav Vasa drog igång reformationen på 1520-talet stod inte universitet, grundat av en katolsk ärkebiskop, högt i kurs och verksamheten gick på lågvarv. Universitetet fick ett stort uppsving på 1620-talet då Gustav II Adolf sköt till pengar. Antalet studenter ökade och på 1630-talet läste nästan 1000 personer vid universitetet.

Uppsala University is distinguished institution of higher learning, both in Sweden and abroad. Many successful people have studied here. At its inauguration in 1477, the theological faculty was the hub around which everything else revolved. When Gustav Vasa started the Swedish reformation in the 1520s, the university, which was founded by a catholic archbishop, was not particularly popular and its operations were limited. The university experienced a revival in the 1620s when Gustav II Adolf funded its operations. The number of students increased and in the 1630s there were over 1000 students.

VALVGATAN

Nära domkyrkan ligger Skytteanum, en byggnad med anor från 1300-talet. När Johan Skytte blev kansler för Uppsala universitet, 1622, köpte han huset och rustade upp det. Johan Skytte inrättade en professur i retorik och statsvetenskap och lät den första professorn flytta in i byggnaden. Än idag fungerar Skytteanum som tjänstebostad. I huset finns, förutom bostadsdelen, bibliotek, lärosalar och arbetsrum. Professuren är troligen den äldsta i världen inom statsvetenskapen.

Skytteanum is close to the cathedral, a building that dates from the 14th century. When Johan Skytte was chancellor of Uppsala University in 1622, he purchased the building and renovated it. Johan Skytte established a chair of rhetoric and political science and arranged for the first professor to move into the building. Today Skytteanum serves as faculty housing. In addition to the residential section, the building also has a library, classrooms and offices. The chair is likely the oldest in the world within political science.

Foto: Tommy Westberg, Uppsala universitet

En av de mest namnkunniga forskare som har verkat vid Uppsala universitet är Olof Rudbeck d.ä. (1630-1702). Hans främsta upptäckt var lymfsystemet, men den gode Rudbeck hade många strängar på sin lyra. Drottning Kristina lät honom rita om Uppsalas stadsplan, med räta gator och kvarter efter dåtidens europeiska mönster. Han var också en framstående botaniker och anlade botaniska trädgården, som idag kallas för Linnéträdgården. Olof Rudbeck blev 1660 professor i medicin och två år senare uppförde han den anatomiska teatern på Gustavianums tak, efter egna ritningar. Där kunde cirka 200 åskådare följa offentliga dissektioner.

One of the most well known researchers active at Uppsala University was Olof Rudbeck the Elder (1630-1702). His most important discovery was the lymphatic system although Rudbeck had many talents. Queen Kristina commissioned him to design Uppsala's city plan with straight streets and blocks based on the current European pattern. He was also a leading botanist and established the botanical garden, which today is known as the Linnaeus Garden. Olof Rudbeck became a professor of medicine in 1660 and two years later he designed and built the anatomical theatre atop the university building known as Gustavianum. From here about 200 spectators could follow public dissections.

Foto: Tommy Westberg, Uppsala universitet

Nästa stora vetenskapsman att äntra den akademiska scenen i Uppsala var Anders Celsius (1701-1744). Han blev professor i astronomi 1730. Celsius inrättade 1741 ett observatorium i ett stenhus på Svartbäcksgatan. Från observatoriet gjorde han en lång rad astronomiska observationer. Men det som man idag förknippar Celsius med är den 100-gradiga termometerskalan. Han satte vattnets kokpunkt till 0°C och fryspunkten till 100°C, med andra ord tvärtom jämfört med hur man idag mäter temperaturen. Anders Celsius dog i tuberkulos och ligger begravd i Gamla Uppsala domkyrka.

The next great scientist to take the academic stage in Uppsala was Anders Celsius (1701-1744), who became a professor of astronomy in 1730. Celsius established an observatory in 1741 in a stone building on Svartbäcksgatan Street, where he made a long series astronomical observations. But today Celsius is most closely associated with his 100-degree temperature scale. His scale, however, placed 0°C as the boiling point and 100°C as the freezing point for water. In other words, the opposite of what we measure temperature with today. Anders Celsius died of tuberculosis and is buried in the church in Gamla Uppsala.

Carl von Linné (1707-1778) är nog den svenska vetenskapsman som är mest känd ute i världen. Han delade in växter och djur i ett klassifikationssystem. Linné skrev flera kända verk innan han ens var 30 år fyllda. Det kanske mest kända verket, Systema naturae, presenterade han 1735. Vid 34 års ålder blev han professor i medicin vid Uppsala universitet. Det vi idag kallar för Linnéträdgården anlades ursprungligen av Olof Rudbeck 1655. Carl von Linné gav nytt liv åt trädgården när han fick ansvaret för den 1741. Han lät plantera drygt 3000 växter och här undervisade han sina lärjungar.

Carl Linnaeus (1707-1778), probably the best-known Swedish scientist both here and abroad, classified plants and animals into a system that is still used today. Linnaeus wrote several famous works before he reached 30. Systema Naturae, his most famous work, was published in 1735. At 34 years of age he became a professor of medicine at Uppsala University. What we today call the Linnaeus Garden was actually created by Olof Rudbeck in 1655. The large 1702 fire in Uppsala destroyed most of Rudbeck's botanical garden. Carl Linnaeus restored it when he was given responsibility for the garden in 1741. He planted around 3000 plants and conducted research and taught students in the garden.

Strax sydost om Uppsala ligger Linnés Hammarby inbäddat i lantlig idyll. Carl von Linné köpte gården 1758. Familjen bodde här under somrarna för att komma bort från stadens buller och smutsiga luft. Här kunde Linné odla växter som inte trivdes på akademiträdgårdens fuktiga marker inne i staden. På Hammarby forskade Linné och undervisade även sina studenter. Inne i mangårdsbyggnaden är mycket bevarat från 1700-talet och besökaren kan titta in i forskarens arbetsrum.

Southeast of Uppsala is Linnaeus's summer home, Hammarby, in an idyllic rural area. Carl Linnaeus purchased the farm in 1758. His family lived here during the summers to get away from the noise and pollution of the city. Here, Linnaeus could grow plants that did not take to the moist soils of academic garden in the city. At Hammarby, Linnaeus conducted research and taught his students. Much from the 18th century is preserved in the farmhouse and visitors can peek in to the researcher's workrooms.

Uppsala universitet växte kraftigt under 1900-talet. På 50-talet läste 4 500 studenter i Uppsala och vid 60-talets slut var siffran uppe i 21 000. Idag är hela 40 000 studenter inskrivna och det är inte konstigt att studenterna har satt sin prägel på staden. I Sverige är det populärt att flytta till Uppsala för att plugga. Det är inte bara de förstklassiga utbildningarna som lockar, utan även själva studentlivet med eget boende, fritt från föräldrar, och fester på nationerna.

Uppsala University grew dramatically in the 20th century. In the 1950s, there were 4500 students in Uppsala. By the 1960s, this number had increased to 21,000. Today there are 40,000 students, so it is no wonder that students have had such an influence on the city. Uppsala is a popular place to study. It's not just the university's first-class academic programmes that attract students. Young people are also interested in student life; away from their parents, they often go to parties at the student clubs, known as nations.

Foto: Tommy Westberg, Uppsala universitet

SLOTTET / THE CASTLE

Uppsala slott har över tiden byggts om, byggts ut och varit utsatt för brand. Gustav Vasa, som 1549 lade grundstenen till slottet, skulle inte känna igen sig om han besökte sin forna borg idag. På slottet har det utspelat sig flera dramatiska händelser som har haft stor betydelse för Sveriges historia.

Over the centuries, Uppsala Castle has been rebuilt, expanded damage from fire. Gustav Vasa, who laid the cornerstone to the castle in 1549, would not recognize it if he were to visit his former stronghold. Several dramatic events at the castle have influenced Swedish history.

Efter Gustav Vasas död 1560 ärvde sonen Erik XIV tronen. Kröningen ägde rum i Uppsala domkyrka med efterföljande kröningsfest på slottet. Under den nya kungens korta regeringstid inträffade en tragisk händelse på slottet. Kungen hade låtit fängsla flera personer ur högadeln och låst in dem på Svartsjö slott. Upprinnelsen var den maktkamp som rådde mellan högadeln och kungen. Erik XIV misstänkte att adelsmännen tänkte störta honom.

After Gustav Vasa's death in 1560, his son Erik XIV inherited the crown. His coronation took place in Uppsala Cathedral with a coronation party at the castle. During the new king's short reign, a tragic event took place at the castle. The king imprisoned several nobles in Svartsjö Castle because of a power struggle between the nobility and the king. Erik XIV suspected the nobility of planning to overthrow him.

Fångarna fördes till Uppsala där domen skulle falla. De låstes in i slottets fängelsehåla. Kungen ansågs vid den här tiden vara paranoid och förvirrad. I ett raseriutbrott befallde han att fångarna skulle mördas och så skedde. Bland de mördade fanns flera personer ur ätten Sture och den blodiga händelsen, 1567, kom att kallas för Sturemorden. I Domkyrkans skattkammare går det att beskåda Sturarnas kläder med knivhål.

The prisoners were taken to Uppsala for trial. They were locked up in the castle's dungeon. The King was considered at this time to be paranoid and confused. In a moment of rage, he ordered the prisoners murdered. Among those killed included several people from the Sture family. This massacre in 1567 became known as the Sture Murder. The clothes of the Stures, including the knife holes, can be viewed in the Cathedral's treasure chamber.

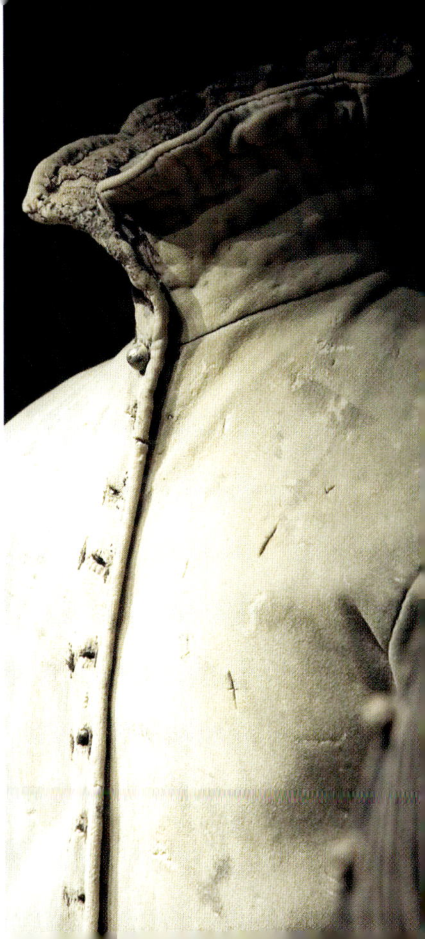

Nästa stora omvälvande händelse på slottet stod drottning Kristina för. Hon var bara sex år när hennes far, Gustav II Adolf stupade i strid 1632. En förmyndarregering styrde landet under drygt tio år innan Kristina blev myndig. Kristina drogs allt mer mot katolicismen och det accepterades inte i det protestantiska Sverige. Kristina valde därför att abdikera. Det skedde formellt i Rikssalen på Uppsala slott 1654. Därefter konverterade hon och lämnade landet.

Queen Kristina was the cause of the next major event at the castle. In 1632, she was just six years old when her father, Gustav II Adolf, was killed in a battle. A guardian government ruled the country for about 10 years until she came of age. Kristina became increasingly attracted to Catholicism, something that was unacceptable in Protestant Sweden. To solve the crisis, she chose to abdicate her throne. This officially took place in the Hall of State at Uppsala Castle in 1654. She then converted to Catholicism and left the country.

Den stora branden som härjade staden 1702 drabbade även slottet och stora delar av byggnaden strök med i lågorna. Slottet byggdes åter upp i mitten av 1700-talet. Slottets rikssal är idag en populär plats för stora fester och konferenser. Salen rymmer upp till 550 middagsgäster. Här kan man fortfarande känna historiens vingslag från stormaktstiden. Salen är praktfull och takhöjden är imponerande tio meter.

The large fire that struck the city in 1702 seriously damaged much of the castle. It was rebuilt in the mid 18th century. Today the castle's Hall of State is a popular place for large parties and conferences, which can accommodate up to 550 dinner guests. This hall's impressive 10-metre ceiling maintains its historic character.

Uppe på skansen Styrbiskop, bredvid slottet, hänger Gunilla-klockan i en klockstapel. Den skänktes 1588 av drottning Gunilla, gift med Johan III. År 1702, efter den stora branden, placerades klockan på skansen. Klockan ringer än idag varje kväll klockan 21.00 och förkunnar för stadens invånare att det är natt. I arla morgonstund, 06.00 ringer den igen och en ny dag börjar. Varje Valborg samlas studenter runt klockan för att välkomna vårens ankomst. Traditionsenligt framträder universitetskören Allmänna sången.

The Gunilla Bell in the bell tower is on the Styrbiskop bastion beside the castle. Queen Gunilla, wife of Johan III, donated the bell in 1588 and after the fire in 1702, it was moved on the bastion. It still works and chimes at nine each evening to announce to the city residents that night has arrived. It rings again at 6 each morning to herald the new day. Each Walpurgis Night, students gather around the clock to welcome the arrival of spring, at which time the university choir, Allmänna Sången, performs in accordance with tradition.

DOMKYRKAN / THE CATHEDRAL

Uppsala domkyrka är byggd i gotisk stil med en röd tegelfasad. Kännetecknande för gotiken är spetsformade valv och fönster. Kyrkan är den största i Norden och kyrktornen sträcker sig inte mindre än 118,7 meter upp i luften. Domkyrkan började att byggas 1273, men den invigdes av ärkebiskop Olaus Laurentii först 1435. Kyrkan har flera gånger drabbats av bränder och byggts om under de 700 år som gått. De spetsiga tornspirorna fick kyrkan under slutet av 1800-talet. Varje år besöker en halv miljon människor kyrkan för att gå på konsert, gudstjänst eller njuta av arkitekturen och stillheten.

Uppsala Cathedral is built in the Gothic style with a red brick facade. Characteristics of Gothic buildings are pointed arches and windows. The church is the largest in the Nordic countries and its tower is 118.7 metres high. The construction of the Cathedral started in 1273, but its inauguration by Archbishop Olaus Laurentii did not come until 1435. The church has been struck by fire on a number of occasions during its 700 years. The steeple was built at the end of the 19th century. Each year half a million visitors come for concerts, church services or to enjoy its architecture and tranquillity.

Sveriges regenter kröntes i domkyrkan från och med invigningen fram till 1719, med undantag för drottning Kristina och Karl XII. Korsvalvet i domkyrkans mitt brukar kallas för kröningsvalvet, men man vet inte säkert om det var på denna plats som den blivande kungen verkligen stod. Domkyrkans högsta valv är 26,6 meter höga. Man skulle få plats med ett åtta våningar högt hus inne i kyrkan.

Sweden's kings were crowned in the Cathedral from its inauguration until 1719, with the exception of Queen Kristina and Karl XII. The cross vault in the Cathedral's central section is called the Coronation Vault, but it is not known for certain whether this is where the kings to be actually stood. The Cathedral's highest vault is 26.6 metres high. That's high enough for an eight-storey building inside the church.

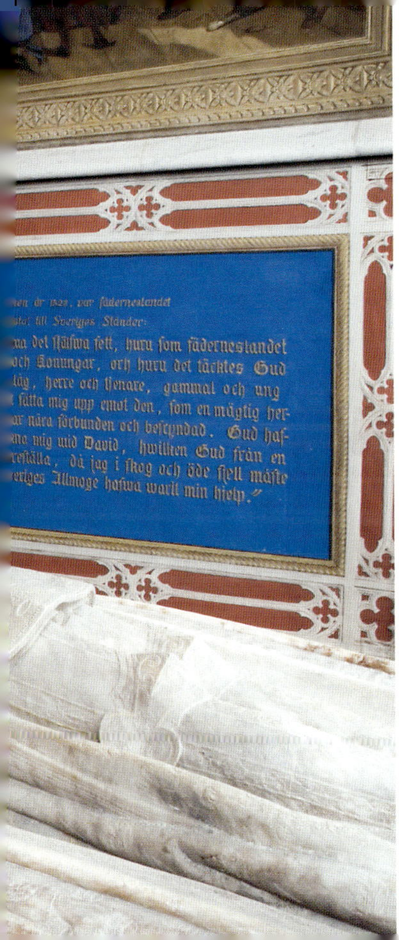

I Vårfrukoret längst ned i öster ligger Gustav Vasa och hans två första fruar Katarina av Sachsen Lauenburg och Margareta Eriksdotter Leijonhufvud begravda i en krypta. Hans son Johan ligger begravd i samma kor. Johan Gustaf Sandberg har målat väggmålningarna som skildrar Gustav Vasas liv.

The Chapel of Our Lady at the eastern end is the final resting place of King Gustav Vasa and his two first wives, Katrina of Sachsen Lauenburg and Margareta Eriksdotter Leijonhufvud. His son, Johan, is buried next to him in the same chapel. Johan Gustaf Sandberg painted the wall frescoes, which depict the Gustav Vasa's life.

Erik den heliges kvarlevor ligger i ett skrin av silver och guld i ett av domkyrkans många kor. Man tror att relikerna flyttades från Gamla Uppsala kyrka till den nya domkyrkan samma år som bygget startade. Erik den heliges egentliga namn var kung Erik Jedvardsson. Hans krona ligger i skrinet och är den äldsta bevarade i Sverige.

The remains of Erik the Holy, patron saint of Sweden, are preserved in a shrine of gold and silver in one of the Cathedral's many chapels. It is believed that the relics were moved from Old Uppsala Church to the new cathedral the year the construction begun. Erik the Holy's real name was King Erik Jedvardsson. His crown is in the shrine and is the oldest preserved crown in Sweden.

SANCTVS · ERICVS · REX · ET · MARTYR

Domkyrkan har en egen skatt-kammare uppe i det norra tornet. Här finns begravningsregalier från kungar och drottningar och drottning Kristinas guldkalk. Det lilla museet är känt för sina välbevarade medeltida kyrkotextiler.

The Cathedral has its own treasure chamber in the north tower, which contains the burial regalia from kings and queens and Queen Kristina's gold chalice. The small museum is known for its well-preserved medieval church textiles.

GAMLA UPPSALA / GAMLA UPPSALA

Gamla Uppsala är nog den plats i Sverige där flest historiska lämningar från olika tidsperioder finns representerade på en liten yta. Det första som besökaren får syn på är de väldiga kungshögarna som reser sig över hedlandskapet. Det finns många myter om högarna. Enligt en av myterna låg asagudarna Tor, Oden och Frej begravda här.

Idag är den gängse teorin att det var kungar, eller åtminstone mäktiga män, som begravdes här på 500-talet. Riksantikvarien Bror Emil Hildebrandt ledde sommaren 1846 en arkeologisk utgrävning av den östra högen. Arkeologerna fann rester av gravgåvor och brända ben. I området finns upp emot 3000 mindre gravar daterade från yngre järnålder till vikingatid.

Gamla Uppsala ("Old Uppsala") is probably the place in Sweden with the most historic remains from different eras represented in such a small area. The first thing a visitor sees is the impressive Royal Mounds that rise up out of the heath country. There are many myths about the mounds. According to one, the Aesir gods Thor, Oden and Freya are buried here.

Today the most established theory is that kings, or at least powerful men, were buried here in the 6th century. In the summer of 1846, the National Custodian of Antiquities, Bror Emil Hildebrandt, conducted excavations of the eastern mound. Archaeologists found remains of burial gifts and burnt bones. The area has close to 3000 small graves dating from the early Iron Age through the Viking era.

Bredvid Gamla Uppsala kyrka har arkeologer funnit lämningar från byggnader som antas ha varit kungsgårdar, samtida med gravhögarna. På kungsgården bodde kungen och hans familj och här fattades för riket viktiga beslut. Man vet också att området var en kultplats där man offrade till gudarna. På 1000-talet skrev författaren och prästen Adam av Bremen om ett guldtäckt Hedningatempel. Det är idag svårt att veta vad som är dikt eller sanning, men troligtvis har författaren förväxlat templet med en hall för gästabud.

Beside the Old Uppsala Church, archaeologists have found remains from buildings that are assumed to be royal estates that date from the time of the mounds. This is where the king and his family lived and where important decisions were made. It is known that the area was a pagan cult centre where sacrifices were made to the gods. In the 11th century the author and priest Adam of Bremen wrote of a gold temple. Today it is difficult to know what the truth was and what is poetic license, but the author likely confuses the temple with a banquet hall.

När vikingarna kristnades byggdes en kyrka i Gamla Uppsala. Sverige fick sin första ärkebiskop 1164 och kyrkan blev ärkestiftets domkyrka. Den var byggd i gråsten och delar av de ursprungliga murarna står kvar än idag. I mitten av 1200-talet brandhärjades kyrkan och den byggdes aldrig upp i sin ursprungliga storlek. Istället flyttade ärkebiskopen 1273 till Östra Aros, dagens Uppsala, där en ny domkyrka uppfördes. Gamla Uppsala kyrka har sedan dess fungerat som en sockenkyrka.

When the Vikings converted to Christianity, a church was built in Gamla Uppsala. Sweden received its first bishopric in 1164 and the church became the archdiocese's cathedral. It was built of granite and parts of the original walls stand today. In the mid 13th century, the church burned and it was never rebuilt in its original size. Instead, in 1273 the bishopric moved to Östra Aros, which is modern day Uppsala, where the new cathedral was built. Since then, Gamla Uppsala Church has served as a parish church.

En liten bit från Kungshögarna ligger Gamla Uppsala museum, invigt sommaren år 2000. Innanför museets ytterväggar av ek och glas får den vetgirige lära sig om de historiska omgivningarna. Fynd från gravhögarna, skalenliga modeller, bildspel och ljudberättelser förflyttar besökaren tillbaka till tider av offerblot och svear som samlas för att hålla ting. I anslutning till museet ligger serveringen Odinslund i ett hus från 1800-talet. Arkitekten bakom byggnaden har inspirerats av vårt nordiska arv och restaurangen serverar naturligtvis mjöd bryggt på eget recept.

A short distance from the Royal Mounds is Gamla Uppsala Museum, opened in the summer 2000. Within the museum's outer walls of oak and glass, the curious can learn about these historic surroundings. Finds from the burial mounds, scale models, slideshows and audio presentations take visitors back in time to when these early Swedes gathered for sacrifice rituals and great assemblies. The restaurant Odinslund next to the museum is located in a building from the 19th century. The architect of the building was inspired by our Nordic heritage and the restaurant naturally serves mead brewed from the restaurant's own recipe.

STUDENTLIV / STUDENT LIFE

Foto: Gustaf Sjöholm, Södermanlands-Nerikes nation

En anrik studentstad som Uppsala har många gamla traditioner. En av de mest kända är mösspåtagningen nedanför Carolina Rediviva klockan 15:00 varje Valborg. Rektorn vinkar med sin studentmössa vilket signalerar att alla ska sätta på sig sina egna. Efter det blir det full fart nerför Carolinabacken. Studenterna springer mot sina nationer för att svalka sina strupar med champagne, eller åtminstone cava.

An historic student town like Uppsala has many old traditions. One of the most famous is the putting on of the caps below Carolina Rediviva at 3 pm on Walpurgis. The vice-chancellor waves his student's cap to signal that the students are to put on their caps. Then everyone runs full speed down Carolina Hill and the students head for the student clubs known as nations to quench their thirst with champagne or sparkling wine.

Foto: Linus Höök, UNT

SPEGELN

I Uppsala tillhör alla studenter någon av de fjorton studentnationerna. Ursprungligen skulle man skriva in sig på den nation som tillhörde det landskap man kom ifrån. Idag har den regeln luckrats upp, men gäller fortfarande på till exempel Södermanlands-Nerikes nation. Nationshusen är ofta rymliga och pampiga byggnader, uppförda med hjälp av donationer från hembygden. Den allra största är Norrlands nations röda tegelbyggnad precis nere vid Fyrisån.

In Uppsala all students belong to one of the fourteen student nations or clubs. Originally students registered with the nation that represented the student's home province. Today this rule has been relaxed for the most part but still applies to the Södermanlands-Nerike's nation. The nation houses are often spacious and large buildings built with donations from the home provinces. The largest is the Norrland Nation's red brick building just below by the Fyrisån River.

Foto: Staffan Åberg, Norrlands nation

Nationerna drivs av studenterna själva och det går att bli invald till någon av "chefspositionerna", med titlar som kurator och klubbmästare. Alla nationer erbjuder en lång rad aktiviteter som till exempel körer, fotbollslag, orkestrar och teatergrupper. Nationerna ordnar flera gånger per termin stora fester, så kallade gasquer. Då serveras trerättersmiddag vid vackert uppdukade bord och middagsgästerna är uppklädda till fest.

The nations are run by the students and there are elected officers with titles like curator and club master. All the nations offer a wide range of activities such as choirs, football teams, orchestras and theatre groups. The nations arrange parties several times a year called gasques. These are formal but also lively and fun three-course dinners at set tables and the guests wear proper dinner cloths.

Foto: Gustaf Sjöholm, Södermanlands-Nerikes nation

I Uppsala är det nära till allt och cykeln är ett utmärkt fortskaffningsmedel för miljö- och kostnadsmedvetna studenter. Nere vid stationen är cykelparkeringen gigantisk.

In Uppsala everything is close and biking is a great way to get around for the environmentally minded and cost conscious student. There's a big bicycle parking area by the train station that is often packed.

Det populäraste området att bo i är Gamla Studentstaden. Låga äldre trevåningshus med lummiga bakgårdar ger stadsdelen en härlig charm. Husen ligger utanför centrum, men det tar bara fem minuter att cykla ner till stan. I slutet av 1900-talet rustades de nedgångna husen upp till modern standard.

The most popular area to live in is the old student neighbourhood. Low, older three-storey buildings with shaded courtyards impart a lovely charm on this part of town. The houses are outside of the town centre, but it only takes five minutes to bike to town. At the end of the 20th century, the run down houses were renovated to modern standards.

Foto: Gustaf Sjöholm, Södermanlands-Nerikes nation

KULTUR OCH NÖJEN / CULTURE AND ENTERTAINMENT

Uppsala Stadsteater har en lång rad kritikerrosade uppsättningar på sin meritlista. På teatern samsas klassiska pjäser med nyskrivna teaterstycken. Vid den stora scenen får 550 åskådare plats, därutöver finns två mindre scener. Bilden är hämtad från föreställningen ”Von Sydowmordens gåta”. Handlingen kulminerar på hotell Gillet i Uppsala år 1932.

Uppsala City Theatre has a long list of critically acclaimed productions to its credit. The theatre merges classical plays with contemporary theatrical works. There is seating for 550 spectators in front of the main stage, and the theatre also boasts two additional stages. The picture shown here is from the performance of Von Sydowmordens gåta (The Mystery of the Von Sydow Murders). The story unfolds in part at Hotel Gillet in Uppsala in 1932.

Foto: Mats Bäcker

På Studenternas IP hålls varje år flera stora sportevenemang. Den årliga höjdpunkten är SM-finalen i bandy. Då byggs läktarna ut och arean kan ta emot över 20 000 åskådare. Anläggningen ligger centralt i Uppsala på Fyrisåns västra strand.

Studenternas IP, the student sports stadium, hosts many large sporting events each year. The year's high point is the bandy Swedish championships. When the stands are expanded, the arena can hold over 20,000 fans. The arena is located in the centre of Uppsala on the western shore of the Fyrisån River.

Foto: Erik Jonsson, svenskbandy.se

57
UPPSALA LÄN
Starka tillsammans
SANERINGSENTREPRENAD
ICA
NORBY

Musik i Uppland är en stiftelse som erbjuder upplänningarna cirka 500 konserter om året. Stiftelsen arrangerar bland annat konserter med kammarmusik, jazz och folkmusik, med det nya konserthuset som huvudscen. Musik i Uppland stödjer och samarbetar också med musikföreningar och institutioner runt om i länet. Drygt hälften av framförandena riktar sig mot barn och ungdomar. Musik i Uppland är Upplands länsmusikorganisation.

Musik i Uppland is a musical foundation that organises around 500 concerts a year for residents of the province of Uppland. The foundation arranges chamber, jazz and folk music concerts, with its new concert hall as the main stage. Musik i Uppland supports and works together with musical societies and institutions throughout the county. More than half of its performances are aimed at children and youths. Musik i Uppland is the official county music organisation.

Foto: Stewen Quigley

I Uppland lades under tidigt 1600-tal viktiga grundstenar till vad som skulle komma att bli Sveriges industrialisering. Då invandrade valloner ifrån Belgien och bland dem fanns skickliga smeder och masugnsbyggare. De öppnade egna bruk och vidareutvecklade den svenska järnframställningen. Vallonbruken fick den svenska järnindustrin att blomstra. Idag finns många välbevarade bruk att besöka. Ett av dem är Lövstabruk, som ligger i norra Uppland.

Important cornerstones of what later developed into Sweden's industrial development were laid in Uppland in the early 17th century. It was at that time that the Walloons emigrated from Belgium; some of these emigrants were skilled smiths and blast furnace builders. They opened their own ironworks here, contributing to the development of Swedish iron production. The Wallonian ironworks brought the Swedish iron industry to life. Today, many well-preserved ironworks still remain and can be visited. One of these is Lövstabruk, located in northern Uppland.

Foto: Mikael Vinjestrand

En knapp mil norr om Uppsala ligger Ulva kvarn bredvid Fyrisån, med grönområden som inbjuder till promenader. På sommaren går det att bada här. I Ulva kvarn finns sedan drygt 20 år en hantverksby med försäljning och café.

Ulva Mill lies less than 10 km north of Uppsala beside the Fyrisån River, close to 'green areas' which are perfect for walking. Visitors to Ulva Mill can also swim here during the summer months. Established more than 20 years ago, a handicraft village with shops and a café is another interesting feature of Ulva Mill.

Foto: Mikael Vinjestrand

I centrala Uppsala kan du hoppa på ångtåget Lennakatten och i maklig takt tuffa ut i det uppländska landskapet, precis som under 1900-talets första hälft. Museijärnvägens ändstation heter Faringe och ligger drygt 30 kilometer från Uppsala. Gör gärna uppehåll vid Fjällnora och ta ett svalkande dopp eller titta på tamboskap. Du kan planera resan själv och välja mellan olika stationer att stiga av och på vid.

Take the Lennakatten steam train from central Uppsala and wind your way at a leisurely pace through Uppland's countryside, just as you would have done in the first half of the 20th century. The last station on the historic line is Faringe, which is just over 30 km from Uppsala. It is well worth stopping for a dip to cool off or to get up close to the domestic cattle at Fjällnora. You can plan your own journey and choose at which of the different stations you would like to hop on and off the train.

Foto: Roland Bol

5
5

Fyrishovs bad- och sportanläggning är ett av Sverige mest besökta turistmål. Bland alla barn är nog själva äventyrsbadet den populäraste delen av den stora anläggningen. Där finns vattenkanoner, vattenrutschbanor, vattenfall, bubbelpooler och mycket mer. Lufttemperaturen håller 30°C och vattnet 28°C.

The Fyrishov swimming and sports complex is among the most popular tourist attractions in Sweden. The large complex contains an exciting water park – a clear favourite with the kids. The water park includes water canons, water slides, waterfalls, hot tubs and much more. The air temperature inside is a warm 30°C and the water a pleasant 28°C year-round.

Foto: Fyrishov

Den världsberömda regissören Ingmar Bergman såg som ung matinéer på Slottsbiografen tillsammans med sin mormor. Det var på biografen som Ingmar för första gången fick besöka ett maskinrum för att titta på filmprojektorer. Ingmar Bergman föddes i Uppsala 14 juli 1918 och han spelade 1982 in långfilmen Fanny och Alexander i staden.

As a young child, the world-renown director Ingmar Bergman watched matinees at Slottsbiografen cinema with his grandmother. This is where the young Ingmar first visited a projection room to see how the movies were shown. Ingmar Bergman was born in Uppsala on 14 July 1918, and in 1982 he filmed his classic Fanny and Alexander in the city.